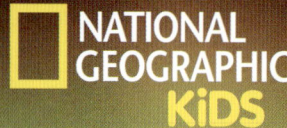

자연 다큐 백과
개와 늑대

베키 베인스, 게리 와이츠먼 지음 | 이한음 옮김 | 장이권 감수

차례

소개합니다! 6

❶ 개를 만나 봐요! 8
개의 이모저모 10
몸집이 큰 개들 모여라! 12
몸집이 작은 개들 모여라! 14
개들은 왜 이렇게 행동할까요? 16
생생한 자연 관찰 개를 자세히 들여다보아요! 18

❷ 개의 생활 20
강아지가 태어났어요! 22
개는 어떻게 하루를 보낼까요? 24
반려견과 함께 즐기는 스포츠 경기 26
개와 대화를 나눠요! 28
찰칵! 개 사진전 개들의 매력 발산! 30

❸ 개와 비슷한 특징을 가진 동물들 32
한 조상에서 나온 갯과 동물들 34
개가 사람과 함께한 역사 36
아오, 나는 늑대예요! 38
세계 곳곳에서 살아가는 갯과 동물들 ... 40
개 vs 사람 감각을 비교해 보아요 42

❹ 재미있는 갯과 동물 이야기 44
나에게 딱 맞는 개는 무엇일까요? 46
우리는 엄마 아빠의 품종이 달라요! 48
가장 유명한 스타 개는 무엇일까요? 50
특별한 임무를 수행하는 개들 52
전문가가 들려주는 뒷이야기 54

동물을 아끼고 사랑해 주세요! 56
도전! 갯과 동물 박사 퀴즈를 풀며 용어를 익혀요 60
찾아보기 62

반려동물 공원에 비글, 래브라도레트리버, 브리타니가 함께 있네요. 개들은 종류가 달라도 서로 어울려서 놀기를 좋아해요.

소개합니다!

개는 훌륭한 반려동물이에요.

만약 여러분 기분이 안 좋다면 개가 얼굴을 핥아 주고, 천진난만한 묘기로 여러분을 웃게 해 줄 거예요. 또 언제나 곁에 있어 주겠지요. 흔히 개를 '사람의 가장 좋은 친구'라고 부르는데, 충분히 그럴 만해요.
그런데 개는 사람이 의도적으로 생김새와 행동을 바꾼 유일한 동물이라는 걸 알고 있나요? 개는 15,000년 넘는 세월 동안 사람들과 어울려 살면서 흥미로운 역사를 만들었어요. 그러면서 지금처럼 다양한 모습에 이르게 되었답니다. 개는 사실상 우리와 함께 세상을 바꾸었지요.
그럼 지금부터 아주 오래전 개의 조상부터 야생에서 살아가는 개와 가까운 친척들까지, 개의 모든 것을 알아보러 떠나 볼까요?

전문가 인터뷰

여러분, 안녕! 나는 게리 와이츠먼 박사예요. 수의사랍니다. 나는 지난 10년 동안 워싱턴동물구조연맹이라는 큰 동물 보호소를 운영했어요. 한 해에 약 2000마리의 고양이와 개들이 보호소로 들어오지요. 우리는 개와 고양이가 새로운 주인을 만날 수 있도록 보살펴요.
이 책에서 나는 여러분을 흥미진진한 여행으로 안내하는 가이드가 되어 줄게요. 제 인터뷰를 읽을 때마다 여러분은 그동안 개에 대해 몰랐던 새로운 정보를 얻을 거예요.

보더콜리가 꽃밭에서 달리고 있어요.
귀를 쫑긋 세우고, 꼬리를 쭉 뻗은 것
보니, 기분이 아주 좋은가 봐요!

개는 품종에 따라 몸집과 생김새가 아주 다양해요. 과학자들은 여러 종류의 개가 모두 야생 늑대에게서 갈라져 나왔다고 생각해요.

개의 이모저모

여러분은 개에 대해 잘 아나요?

개는 우리에게 익숙하고 가깝게 느껴져요. 하지만 알면 알수록 우리가 개에 대해 잘 모르는 점도 많답니다. 여러분과 함께 본격적으로 개의 세계로 빠져들기 전에 몇 가지 질문에 답을 해 봅시다. 먼저 첫 번째 질문이에요!

개가 뭐예요?

외출하고 돌아오면 문 앞에서 여러분을 반갑게 맞아 주는 사랑스러운 털북숭이가 떠오르나요? 물론 이것도 맞아요. 하지만 개는 포유류* 중에서 '갯과'에 속하는 모든 동물을 의미하기도 해요. '아우우' 하고 울부짖는 늑대도 갯과예요. 여우와 코요테도 갯과고요. 땅속에서 고개를 삐죽 내미는 프레리도그는요? 이름에 도그(dog: 개)가 들어가서 갯과라고 생각할 수 있지만 아니에요. 다람쥐에 더 가깝지요. 갯과에 속하는 동물들은 몇 가지 공통점이 있어요. 대부분 다른 동물을 잡아먹는 육식 동물이에요. 그리고 무리를 지어 생활해요. 또 먹잇감을 사냥하기에 유리하도록 몸통이 길쭉하고, 이빨과 턱도 먹잇감을 물기 좋게 발달했어요. 개가 무엇인지 알았다면 이제 두 번째 질문이에요!

*포유류: 새끼를 낳고 젖을 먹여 키우는 동물 부류.

이 책에서는 어떤 종류의 개를 다룰까요?

이 책에서는 주로 우리와 친숙한 개에 대해서 알아보아요. 개는 사람이 길들이면서 생겨났고, 서로 다른 품종을 교배*하면서 종 수가 늘어났어요.

과학자들은 개의 조상이 회색늑대였다고 믿어요. 처음에 늑대는 먹을 것을 구하기 위해 사람들이 사는 곳 주위를 어슬렁거렸을 거예요. 시간이 지나 사람들은 늑대를 기르고, 교배해서 원하는 특징을 지닌 개를 얻으려 했어요. 사냥을 잘하거나 가축을 잘 살피거나 또는 몸집이 작거나 큰 개를요. 이렇게 오랜 세월이 흐르면서 개는 점점 더 늑대와 달라졌고, 개끼리도 생김새나 행동의 차이가 커졌어요. 이제 개는 350~400여 가지의 품종이 있답니다. 아참, 뒤에서는 개의 친척뻘인 동물들도 만나 볼 거예요.

*교배: 새끼를 얻기 위하여 사람이 일부러 동물을 짝짓기시키는 일.

숫자로 알아보아요!

우리나라에서는 반려동물을 기르는 사람들이 해마다 늘어나고 있어요. 그중 가장 인기 있는 반려동물이 개랍니다.

5,860,000 2021년 대한민국 반려견 수.

4,830,000 2021년 대한민국 반려견 가구 수.

140,000 2021년 대한민국 반려견 가구의 월 평균 양육비(원).

1위 몰티즈. 대한민국에서 가장 많이 기르는 개 품종.

*출처: KB 경영연구소 2021 한국반려동물보고서.

몸집이 큰 개를 모여라!

이 책에서 수백 종의 개를 모두 다루기는 어려워요.
하지만 우리에게 친숙한 개들을 많이 소개해 줄게요.
먼저, 몸집이 큰 개들을 만나 보아요.

래브라도레트리버
· 처음 출현한 곳: 캐나다
· 특징: 운동, 수영, 영리함

래브라도레트리버는 달리기와 수영을 아주 잘해요. 영리하고 사람을 잘 따르며, 성격이 온순해서 미국인들이 가장 좋아하는 반려견 중 하나예요.

불도그
· 처음 출현한 곳: 영국
· 특징: 밀려 올라간 얼굴, 주름진 코, 땅딸막한 몸

얼굴이 납작하고 짓눌린 듯한 이 개를 모르는 사람이 있을까요? 지금은 인기 반려견이지만 불도그는 영국에서 수소와 싸움을 붙이기 위해 개량한 품종이에요. 황소가 영어로 '불(BULL)'이라서 불도그라는 이름이 생겼답니다.

골든레트리버
· 처음 출현한 곳: 영국
· 특징: 수영, 묘기

골든레트리버는 주인에게 충성심이 강하고, 훈련시키기가 쉬워요. 만약 주인이 바다에서 허우적거린다면 얼른 달려와 구해 줄 거예요. 이들은 원래 오리 같은 물가에 사는 새들을 건져 내도록 개량된 품종이거든요.

독일셰퍼드

· 처음 출현한 곳: 독일
· 특징: 경찰견, 뾰족한 귀, 군용견

독일 군인이 전쟁에 참여시키려고 군용견*으로 개량했어요. 그 이후 오랫동안 경찰견으로 이름을 날렸지요. 무척 사나워 보이지만 충성심이 강하고 순둥이랍니다.

*군용견: 군사적 목적으로 특별히 훈련시킨 개.

복서

· 처음 출현한 곳: 독일
· 특징: 장난기, 사랑스러운 성격

영어로 '복서(boxer)'는 권투 선수를 뜻해요. 이 개도 권투 선수처럼 뒷다리로 일어서서 상대에게 앞발을 잘 내밀어요. 복서는 개 중에서 혀가 매우 긴 편이에요.

버니즈마운틴도그

· 처음 출현한 곳: 스위스
· 특징: 큰 몸집, 힘, 덥수룩한 털

버니즈마운틴도그는 농장에서 기르는 개예요. 스위스의 산악 지역에서 농장의 가축을 지키거나 수레를 끄는 일을 했어요. 자기 몸무게의 다섯 배까지 끌 수 있답니다.

큰 개들이 세운 별별 신기록

제일 무거운 개는?
조르바(마스티프)
몸길이 2.5미터, 몸무게 155.6킬로그램으로 기네스 세계 기록*을 갖고 있어요. 1989년에 세상을 떠났어요.

가장 키가 큰 개는?
제우스(그레이트데인)
제우스는 다리를 쭉 뻗고 섰을 때 키가 113센티미터로, 2011년에 기네스 세계 기록을 세웠어요.

가장 높이 뛰는 개는?
페더(그레이하운드)
2017년 9월에 두 살 짜리 페더는 무려 192센티미터를 뛰어올랐어요.

잠깐 상식! 전 세계에는 반려견이 5억 마리가 넘어요.

*이후 세인트버나드 품종의 개 베네딕틴이 166킬로그램을 기록했지만 기네스 세계 기록 가장 무거운 개 부문이 폐지되면서 기록에 오르지 못했다.

몸집이 작은 개들 모여라!

여기에서 소개할 개는 작고 사랑스러워요!

사람의 무릎에 올라 애교를 부린답니다.
이번에는 전 세계적으로 인기가 많은
몸집이 작은 개들을 만나 보아요.

귀엽고 사랑스럽고 재빠른 이 개는 원래 스코틀랜드에서 쥐와 같은 동물을 사냥하는 개였어요. 겁이 없고 땅을 아주 잘 파요.

펨브로크웰시코기
· 처음 출현한 곳: 영국
· 특징: 큰 귀, 긴 몸, 활발한 성격

웨스트하이랜드화이트테리어
· 처음 출현한 곳: 영국
· 특징: 새하얀 털, 복슬복슬한 얼굴, 씩씩함.

닥스훈트는 핫도그처럼 몸이 길쭉해요. 독일어로 닥스는 '오소리', 훈트는 '사냥'을 뜻해요. 이 개는 오소리 사냥을 위해 개량한 품종이에요. 오소리를 뒤쫓아 굴속으로 들어가기에 알맞아요.

충성심이 아주 강해요. 영국 엘리자베스 2세 여왕의 사랑을 받은 개로 유명해요. 왕실의 초상화를 그릴 때에도 함께했지요. 길고 덥수룩한 털, 짧고 통통한 다리, 쫑긋 솟은 귀를 본다면 누구라도 사랑에 빠지게 될 거예요.

닥스훈트
· 처음 출현한 곳: 독일
· 특징: 짧고 통통한 다리

작은 개들이 세운 별별 신기록

키가 가장 작은 개는?	몸길이가 가장 짧은 개는?	가장 가벼운 개는?
밀리(치와와)	**브랜디**(치와와)	**댄서**(치와와)
9.65센티미터*	15.2센티미터*	500그램

*밀리의 2013년 기네스 세계 기록.
*브랜디의 2005년 기네스 세계 신기록.
길이는 코끝에서 꼬리 끝까지의 길이를 쟀다.

잭러셀테리어

· 처음 출현한 곳: 영국
· 특징: 다혈질, 높이뛰기

얌전한 반려견을 찾고 있나요? 그럼 잭러셀테리어는 안 되겠네요. 끊임없이 짖어 대면서 자기 키의 다섯 배 높이까지 뛰어오르거든요. 게다가 원래 여우 사냥을 하던 잭러셀테리어를 키우려면 넓은 공간이 필요해요.

퍼그

· 처음 출현한 곳: 중국
· 특징: 납작한 얼굴, 주름, 크고 동그란 눈, 말린 꼬리

세계에서 가장 오래된 개 품종 중 하나예요. 얼굴이 주먹을 꽉 쥔 것처럼 눌려서 라틴어로 '주먹'을 뜻하는 이름을 갖게 되었지요.

토이푸들

· 처음 출현한 곳: 유럽 북부의 나라들
· 특징: 영리함, 묘기, 부스스한 털

푸들 중에서 몸길이가 25.4센티미터보다 작은 품종이에요. 털이 북슬북슬하지만 잘 빠지지 않고, 머리가 좋아서 우리나라에서도 반려견으로 인기가 많아요.

잠깐 상식! 사람이 개처럼 몸집이 다양하다면 키가 가장 작은 사람은 60센티미터, 가장 큰 사람은 940센티미터나 될 거예요.

개들은 왜 이렇게 행동할까요?

개가 하는 행동 중에는 본능과 관계된 것이 많아요.

개는 오랜 세월 동안 사람에게 길들여졌지만 여전히 늑대의 야생성*을 갖고 있어요. 개가 잠자리에 뼈를 묻어 두는 이유, 날아가는 공을 보면 달려가는 것도 모두 본능과 관계가 있답니다. 지금부터 개를 한층 더 깊이 이해하는 시간을 가져 보아요.

*야생성: 산이나 들에서 나고 자라며 생긴 강한 성질.

개는 왜 자꾸 공을 물어 올까요?

과학자들도 개가 왜 공을 잘 물어 오는지 확실히 알지 못하지만, 크게 두 가지 이유가 있다고 생각해요. 한 가지 이유는 빠르게 움직이는 물체가 먹이라고 생각하기 때문이에요. 개는 원래 시력이 나쁜 편이에요. 그래도 사람보다 넓게 볼 수 있어요. 그래서 빠르게 날아가는 공을 보면 바로 뒤쫓는 거예요. 두 번째 이유는 무리 생활을 하는 늑대의 본능과 관계있어요. 늑대는 여럿이 무리를 지어 생활하며 사냥한 먹잇감을 무리의 구성원들과 나누어 먹어요. 공을 먹잇감이라고 생각한 개가 주인과 함께 나누기 위해 달려 온 것이라면 개의 마음이 참 따뜻한 것 같지 않나요?

개는 왜 사는 곳에 뼈를 숨겨 둘까요?

먹잇감을 땅에 묻거나 몰래 감추는 본능은 동물들 사이에서 흔해요. 다른 동물을 잡아먹는 육식 동물은 직접 사냥을 해서 먹잇감을 구해요. 쉽게 잡히는 경우도 있지만, 실패할 확률도 높지요. 그래서 육식 동물들은 종종 잡아 둔 먹잇감을 나중에 대비해서 숨겨 둔답니다. 사실 반려견은 먹을 것을 걱정할 필요가 없지만 조상인 늑대의 본능이 남아 있는 거예요.

개는 왜 큰 소리로 짖을까요?

개는 귀엽고 사랑스럽지만 시도 때도 없이 짖어서 괴롭다고요? 하지만 이러한 본능은 늑대에게서 물려받은 것이 아니에요. 오랜 세월 동안 사람들이 시끄럽게 짖는 개를 선택하여 교배해 왔고, 무슨 일이 일어났을 때 짖도록 길들였기 때문에 오늘날 남아 있는 개들이 대부분 짖는 것이랍니다. 물론 늑대도 시끄러워요. 낑낑거리고, 킁킁거리고, 울부짖지요. 하지만 대체로 짖지는 않아요.

개는 왜 냄새 나는 것 위에서 구를까요?

과학자들은 개가 고약한 냄새가 나는 것 위에서 구르는 이유를 크게 두 가지 정도로 보아요. 첫 번째는 야생에서 개가 냄새로 의사소통하던 것에서 이유를 찾아요. 즉, 죽은 동물의 살코기를 먹는 개가 먹잇감 위에서 굴러 몸에 냄새를 묻힌 뒤 같은 무리에게 어떤 먹이를 찾았는지 알려 주는 것이라고요.
두 번째는 먹잇감으로부터 자기를 들키지 않기 위해 늑대가 쓰는 방법을 물려받은 것이라고 생각하기도 해요. 지독한 냄새로 자기의 냄새를 숨기면 먹잇감에 더 가까이 다가갈 수 있어 사냥에 성공할 확률이 높아질 테니까요.

전문가 인터뷰

많은 사람들은 개가 왜 무는지 궁금해해요. 성질이 사납다고요? 글쎄요. 이것은 개의 의사소통 중 하나예요. 개는 위협을 받거나 겁을 먹으면 물어요. 하지만 무는 행동은 가장 마지막에 자기를 지키기 위한 방법이랍니다. 그 전에 몸을 쭉 뻗거나 고개를 기울이고, 사납게 으르렁거려요. 그래도 해결되지 않았을 때 "물러나!"라고 말하는 개 나름의 의사 표현이지요. 개에게 물리지 않으려면 가까이 다가가기 전에 개의 주인에게 물어보세요. 개의 성격을 가장 잘 아는 사람은 바로 주인일 테니까요.

잠깐 상식! 개는 눈꺼풀이 위와 아래, 눈 안쪽까지 모두 3개예요.

생생한 자연 관찰
개를 자세히 들여다보아요!

개는 사람들에게 많이 길들여졌어요.
하지만 여전히 갯과의 야생적인 특징을 갖고 있지요. 야생에서 지낸 오랜 세월 덕분에 아직도 사나운 육식 동물의 특징이 남아 있답니다. 개의 얼굴부터 근육과 털, 다리까지, 야생의 흔적을 찾아 개의 몸을 구석구석 살펴볼까요?

꼬리
개는 꼬리의 움직임으로 생각을 표현하기도 해요. 무리 생활을 하는 늑대에게는 의사소통이 아주 중요한 문제였어요. 여럿이 힘을 모아야 안전하게 살아갈 수 있었으니까요.

근육
개는 다리 근육이 특히 뛰어나요. 그래서 바람을 가르며 달려가 높이 뛰어오를 수 있지요.

뒷다리
개의 뒷다리는 힘이 세서 멈춰 서 있다가도 순식간에 빠르게 달려 나갈 수 있어요.

털
개의 털은 길이도, 색깔도, 무늬도, 질감도 정말정말 다양해요. 예를 들면 워터도그는 털이 기름져요. 털이 두 겹인 개도 있고, 곱슬곱슬한 털을 가진 개도 있지요. 아메리칸헤어리스테리어는 털이 없어요.

혀
개는 혀로 체온을 조절해요. 체온이 올라가면 혀를 내밀고 시원한 공기를 쐬어 식혀요.

귀
개의 귀는 품종에 따라 세 가지 모양이 있어요. 쫑긋 뾰족한 귀, 축 늘어진 귀, 접힌 귀예요.

이빨
개는 이빨이 42개예요. 먹잇감을 잡고, 고기를 찢고, 물어뜯고, 짓이기는 데 딱이지요.

눈
개는 파란색과 노란색 두 가지 색깔을 조합하여 사물을 봐요. 사람보다 시력은 낮지만 볼 수 있는 범위는 넓지요. 또 밤눈도 사람보다 밝고요.

발
개는 발이 작아서 뛰면서 쉽게 방향을 바꿀 수 있어요. 발가락은 앞발에 보통 5개, 뒷발에 4개씩 있어요. 앞발 뒤쪽에 난 며느리발톱*은 움켜쥐는 데 쓰여요.

*며느리발톱: 말이나 소 따위의 짐승 발 뒤쪽에 달린 발톱.

앞다리
개는 빗장뼈* 없이 앞다리가 근육으로만 붙어 있어요. 그래서 유연하고, 달릴 때 더 멀리 뻗을 수 있어요.

*빗장뼈: 가슴 위쪽에 옆으로 뻗어 있는 뼈. 쇄골.

주둥이
개의 머리뼈와 주둥이는 품종에 따라 퍼그처럼 짧거나, 달마티안처럼 적당한 길이거나, 그레이하운드처럼 길어요. 주둥이가 짧으면 한 가지 대상을 더 잘 보고, 주둥이가 길면 주변을 넓게 볼 수 있어요.

19

2 개의 생활

달마티안 개가 주인의 지시를 얼마나 잘 따르는지 테스트하는 도그 어질리티 경기에서 장대 사이로 날쌔게 오가고 있어요.

강아지가 태어났어요!

누구라도 갓 태어난 강아지를 본다면 사랑에 빠질 거예요.

동그랗고 말간 눈, 부드러운 털, 살랑살랑 꼬리를 흔드는 강아지보다 더 사랑스러운 것이 있을까요? 그래서 귀여운 강아지는 사람의 스트레스를 줄여 줄 수 있다는 연구 결과가 있어요. 강아지를 활용한 심리 치료법을 연구할 정도랍니다.

한배에 여러 마리!

개는 대개 한배에 2~10마리의 강아지를 낳아요. 많게는 24마리까지 낳기도 하지요. 몸집이 큰 품종의 개일수록 새끼의 몸집도 큰 경우가 많아요.

잠깐 상식! 개는 발바닥으로 땀을 흘려요.

갓 태어난 강아지는 약해요!

이제 막 태어난 강아지는 눈을 뜨지 못하고 스스로 체온을 유지할 수 없어요. 그래서 처음 몇 주 동안은 어미가 새끼를 돌봐야 해요. 새끼들은 냄새로 어미를 찾아요. 태어나자마자 어미의 젖을 빨고, 서로 가까이에 바짝 붙어서 체온을 유지해요.

무럭무럭 자라요!

강아지는 태어난 뒤 9~11일이 지나면 눈을 떠요. 이 무렵에 소리도 들리기 시작해 소리에 잘 반응하지요. 태어나 2~4주가 되면 강아지들은 서로 으르렁대고, 짖고, 물고, 구르며 놀아요. 또 한 달쯤 된 강아지는 어미의 젖을 떼고 고기 같은 먹이를 먹기 시작해요. 어미 개의 보살핌이 줄어들지만 스스로 살아갈 수 있으려면 어미와 시간을 좀 더 보내야 한답니다.

늑대 새끼도 강아지와 비슷해요

늑대 새끼는 굴에서 태어나요. 어미 늑대는 새끼를 낳기 전에 동굴을 찾거나 굴을 파서 보금자리를 만들어요. 갓 태어난 늑대 새끼는 눈을 못 뜨고, 모든 것을 어미 늑대에게 의지해요. 3주쯤 되면 강아지와 차이가 나기 시작해요. 고기를 먹기 시작하고, 어미 늑대가 사냥을 나가면 먼저 태어난 늑대 새끼들이 더 어린 새끼들을 돌봐요. 늑대는 태어난 지 6개월이 지나야 사냥을 할 수 있어요. 사냥을 나간 늑대는 먹잇감을 최대한 많이 배 속에 넣고 돌아와 먹이를 게워서 새끼 늑대의 입에 넣어 주어요.

전문가 인터뷰

강아지는 태어나서 3개월까지가 매우 중요해요. 주변 세계에 대한 정보를 얻는 시기이기 때문이에요. 강아지가 태어나면 시끄러운 소리, 낯선 물체 같은 새로운 환경에 접해 주는 게 좋아요. 어릴 때 여러 가지 경험을 못하면 다 자라서 사소한 것에도 겁을 먹을 수 있어요.

개는 어떻게 하루를 보낼까요?

오전 9:00

오후 1:10

여러분이 집을 비운 사이, 집에 있는 개는 뭘 하고 있을까요?

사실 개의 하루는 특별할 것이 없어요. 주로 잠을 자니까요. 그래도 우리가 몰랐던 개의 하루를 자세히 들여다보아요. 어머나, 혹시 옆집 개를 초대해 즐거운 시간을 보내는 것은 아닐까요?

오전 7:30 주인을 깨워요. 안 일어나면 얼굴을 핥아요.

오전 8:00 동네를 산책해요. 늘 같은 자리에 흔적을 남겨요.

오전 8:15 순식간에 아침 식사 끝!

오전 9:00 주인과 함께 드라이브. 창문으로 신선한 바람을 쐬겠죠?

오전 9:30 집으로 돌아와 포근한 곳에 엎드려 꾸벅꾸벅 졸아요.

12:00 점심을 냠냠!

오후 1:05 주인에게 개 껌을 받았어요! 깔개 밑에 잘 숨겨 두어요.

오후 1:10 오후 낮잠 시간!

오후 4:00 누가 집에 왔나 살펴요.

개에게 절대로 먹이지 마세요!

개가 먹잇감을 찾아 쓰레기통을 뒤지는 모습을 보았나요? 그때 여러분은 개가 음식을 가리지 않고 뭐든지 잘 먹는다고 생각했을지도 몰라요. 실제로 개는 혀에 있는 맛봉오리*가 사람에 비해 절반도 되지 않아요. 그만큼 입맛이 덜 까다로울 수도 있지요. 그렇다고 개에게 아무 음식이나 막 주면 곤란해요. 아래의 음식은 개가 먹었을 때 탈이 날 수 있으니 절대로 먹여서는 안 된답니다.

- 초콜릿
- 포도와 건포도
- 버섯
- 양파나 마늘
- 단감
- 날달걀
- 날고기
- 사탕

*맛봉오리: 주로 혀에서 맛을 느끼는 꽃봉오리 모양의 기관.

오후 4:15

개는 오줌으로 영역을 표시해요!

개는 왜 산책을 하다가 자주 오줌을 눌까요? 이유는 바로 영역을 표시하기 위해서랍니다. "여긴 내 땅이야!"라는 뜻이에요. 개는 주변 세계를 냄새로 파악해요. 특히 개의 오줌에는 컴퓨터 저장 장치만큼 많은 정보가 들어 있어요. 그래서 산책을 하며 열심히 킁킁거리고, 여기저기에 오줌을 누는 거예요.

오후 4:15 주인과 함께 산책해요.

오후 5:15 야호, 저녁 식사 시간!

오후 5:30 주인과 나란히 앉아 TV를 봐요.

오후 8:30 또 산책! 내 구역에 새로운 냄새가 난다면 다시 내 냄새로 덮어요.

오후 9:00 잠잘 시간이에요. 안방의 포근한 이불로 들어갔지만 쫓겨났어요!

오후 9:03 흑, 다른 침대에서도 쫓겨났어요.

오후 9:07 마지막 침대에서도….

오후 9:09 낮에 숨겨 둔 개 껌을 찾아요. 맙소사! 없어요.

오후 9:38 눈이 감겨요. 개 껌은 내일 찾기로 해요.

반려견과 함께 즐기는 스포츠 경기

여기는 박진감 넘치는 '개 스포츠' 현장입니다!

영리한 개 선수들이 달리고, 장애물을 뛰어넘고, 원반이나 공을 물어 오네요.
오래전, 개들은 사람을 위해 집을 지키고, 편지를 전해 주고, 일을 도왔어요. 하지만 지금은 편리한 물건과 교통수단* 등이 많아져 개들이 할 일이 많이 줄어들었어요. 그 대신 다른 기쁨을 준답니다. 바로 '개 스포츠' 경기로요!

*교통수단: 사람이 이동하거나 짐을 옮기는 데 쓰는 수단. 수레, 자동차, 열차 등.

플라이볼

플라이볼은 달리기 실력, 점프력, 순발력 등을 두루 갖추어야 하는 운동 경기예요. 네 마리의 개가 한 팀을 이루어 다른 팀과 시합을 벌인답니다. 출발 신호가 울리면 첫 번째 선수가 네 개의 장애물을 넘어 목표 지점으로 달려가요. 그러고 나서 널빤지 한쪽을 밟아 솟아오른 테니스공을 입으로 물어서 돌아오지요. 그렇게 네 마리의 개가 이어 달려서 출발 지점으로 돌아오면 경기 끝! 이때 솟아오르는 테니스공의 속도는 무려 시속 48.2킬로미터나 된답니다.

잠깐 상식! 집에서도 텔레비전으로 여러 가지 개 스포츠 경기를 볼 수 있어요.

원반던지기

사람이 원반을 공중으로 던지면 바로 옆에 서 있던 개가 원반이 땅에 떨어지기 전에 가져오는 운동 경기예요. 아주 쉬울 것 같나요? 가장 멀리까지 간 세계 기록은 122.5미터나 된다고요! 원반던지기 종목은 여러 가지가 있어요. 하나의 원반을 던져서 물어 오기, 연속해서 던진 여러 개의 원반을 물어 오기, 사람과 개가 다양한 몸동작으로 묘기를 부리며 원반을 던지고 물어 오기 등 경기 종류에 따라 보는 재미도 다르지요.

어스 도그

이 스포츠 경기는 웨스티나 닥스훈트 같은 땅속 좁은 굴에서 작은 먹잇감을 뒤쫓던 개를 위한 것이에요. 나무 상자를 길게 연결해서 이리저리 방향을 틀어 놓으면 참가한 개들이 냄새를 맡으며 정해진 경로를 따라 달려가지요. 경기에서 우승하면 '마스터 어스 도그'가 되어요.

도그 어질리티

이 종목은 개와 주인의 호흡이 얼마나 잘 맞는지를 겨루어요. 개가 달리는 길에 터널, 시소, 비탈길, 길고 굵은 장대 같은 장애물을 설치해 두고, 주인의 신호에 맞추어 통과하는 경기예요. 개가 실수 없이 장애물을 넘고, 주인의 지시를 잘 따르며, 빠른 시간 안에 모든 코스를 완주하면 승리한답니다. 경기에 참여하는 개는 집중력이 아주 좋아야 해요. 오로지 주인의 몸짓과 말로 모든 장애물을 통과하여 결승선에 도착해야 하기 때문이에요.

숫자로 알아보아요!

6	개가 한번에 입에 가장 많이 물 수 있는 테니스 공 수(2020년 기록).
11	개가 연속해서 던진 물건을 받아 무는 데 성공한 횟수(2021년 기록).
14	긴 줄넘기에 참여한 개의 최대 마리 수(2013년 기록).
20	개 한 마리가 3분 동안 가장 많은 원반을 잡은 횟수(2017년 기록).
22,742	영국에서 열린 세계 개 걷기 대회에 참가한 개의 수(2011년 기록).

*출처: 기네스 세계 기록.

개와 대화를 나눠요!

개는 몸짓으로 말해요.

꼬리를 바짝 세우거나 이빨을 조금 드러내거나 몸을 낮추거나 일으켜 세우는 것은 모두 개의 의사 표현이랍니다. 개의 몸짓이 무엇을 뜻하는지 살펴볼까요?

	귀	입	몸통	꼬리	소리
불안	뒤로 꺾어요.	이빨을 드러내요.	약간 낮춰요.	늘어뜨려요.	힘없이 짖어요.
경계	바짝 세워 소리 나는 쪽으로 향해요.	꾹 다물거나 이빨이 안 보이게 벌려요.	발끝으로 서요.	치켜올려요.	짖지 않거나 낑낑거려요.
호기심	뾰족 세워 앞으로 향해요.	살짝 벌리거나 할딱거려요.	발끝으로 서거나 빠르게 걸어요.	치켜올리고 살랑 흔들어요.	짧게 짖거나 낑낑거려요.
공격	머리에 바짝 붙여요.	입술을 당겨 이빨을 드러내요.	긴장하면서 몸을 꼿꼿하게 세워요.	털을 세우며 들어요.	으르렁 짖어요.
거만	똑바로 세우거나 앞으로 접어요.	입을 다물어요.	몸을 치켜올려요.	쭉 뻗거나 털을 세워요.	나직하게 으르렁거려요.
두려움	납작하게 접어요.	입술을 양쪽으로 끌어당겨요.	몸을 웅크리고 떨기도 해요.	다리 사이에 감추어요.	컹컹대거나 낑낑거려요.
호감	쫑긋 세워요.	웃는 것처럼 보여요.	엉덩이를 흔들어요.	살랑살랑 흔들어요.	칭얼대고, 높고 짧게 짖어요.
위기감	앞으로 향하여 뾰족 세워요.	이빨을 드러내요.	뻣뻣해져요.	쭉 뻗어서 털을 세워요.	멍멍 짖으며 경고해요.
행복	힘을 빼거나 쫑긋 세워요.	입을 벌려 웃어요.	뛰거나 엉덩이를 올려요.	발랄하게 흔들어요.	짖거나 장난스럽게 으르렁대요.
복종	귀를 머리에 붙여요.	입술을 당겨서 살짝 웃어요.	몸을 낮추거나 배를 드러내요.	다리 사이로 감추어요.	낑낑 소리를 내요.

훌륭한 심부름꾼이에요
개를 잘 훈련시키면 냉장고 문을 열어서 원하는 것을 꺼내 오게 할 수 있어요. 냉장고 문에 헝겊이나 줄을 묶어서 개가 입으로 잡아당겨 열게 하면 되지요. 한 가지 조심할 것! 개가 냉장고에 넣어 둔 맛있는 음식을 야금야금 꺼내 먹을 수 있으니 진짜 좋아하는 음식은 미리 먹어 치우는 게 좋겠어요.

개는 무척 영리해요.
개에게 원하는 것을 표현할 수 있도록 신호를 가르치면 개와 주인의 삶이 훨씬 편해질지도 몰라요!

종을 활용해요!
현관문 손잡이에 종을 매달고 산책을 나갈 때마다 종을 울려 보세요. 그러면 곧 개는 종이 울리면 문이 열릴 것이라고 생각할 거예요. 밖에 나가고 싶을 때 스스로 종을 울릴 수도 있어요. 이렇게 하면 산책하고 싶어 하는 개의 마음을 전보다 쉽게 알아차릴 수 있겠지요?

배변* 훈련을 해 봐요!
사람처럼 변기에 대소변을 보고 자연스럽게 물을 내리는 개를 상상해 보았나요? 상상도 안 된다고요? 하지만 가능해요. 인터넷에서 개의 배변 훈련을 검색하면 방법을 찾을 수 있답니다. 물론 시간이 좀 걸릴 거예요. 인내심이 필요하겠지요. 무심코 화장실에 갔다가 변기에서 오줌을 누는 개와 마주친다면 어떨까요?

*배변: 대소변을 몸 밖으로 내보내는 행위.

잠깐 상식! 어떤 과학자는 개가 냄새로 사람의 감정을 이해할 수 있다고 주장했어요.

찰칵! 개 사진전
개들의 매력 발산!

개의 품종은 몇 가지나 될까요?

과학적으로 개의 품종을 분류한 자료는 없어요. 대신 국제애견협회 같은 단체에서 정한 자료는 있어요. 단체들마다 조금씩 차이가 있지만 어떤 품종이든지, 매력 넘치고 사랑스러운 것은 모두 같아요.

아프간하운드는 제1차 세계 대전 때 거의 사라졌다가 1920년대에 다시 늘어났어요.

바이마라너는 완벽한 사냥개를 만들기 위해 블러드하운드에서 개량했어요.

핏불테리어는 공격적이라고 알려졌지만 차분하고 사람의 말을 잘 따라요.

도베르만은 영리하고 지시를 잘 따라요.

복서는 장난기 많고 운동 능력이 뛰어나며 기운이 넘쳐요.

아이리시세터는 장난을 좋아하는 기운 넘치는 품종이에요.

래브라두들은 래브라도레트리버와 푸들의 잡종이에요. 둘 다 물을 좋아해요.

새끼 비글이 다른 강아지들처럼 체온을 유지하기 위해 부둥켜안고 있어요.

다리가 짧고 몸이 길쭉한 닥스훈트는 사람들에게 늘 인기가 많아요.

비어디드콜리는 도그 어질리티 대회에 자주 나와요.

3 개와 비슷한 특징을 가진 동물들

개의 조상인 회색늑대는 아주 날래고 사나운 사냥꾼이에요. 먹잇감을 찾아 빠르게 달리고 있어요.

한 조상에서 나온 갯과 동물들

개는 갯과 동물이에요.

오늘날 35종이 넘는 동물들이 갯과에 속한답니다. 오래전 살았던 '에우키온다비시'의 후손이지요. 이 동물은 몸집이 아주 컸어요. 회색늑대보다 훨씬 컸지요. 에우키온다비시는 시간이 흐르면서 개족과 여우족으로 갈라져 진화했답니다. 하지만 자칼, 들개, 늑대, 딩고, 코요테, 여우는 모두 갯과에 속해요. 갯과에 속한 동물들은 서로 비슷한 특징이 있지만 한편으로는 저마다 뛰어난 능력이 있어요. 어떤 점들이 있는지 살펴볼까요?

자칼 **들개**

자칼은 최고의 장거리 달리기 선수예요. 한 시간에 56.3킬로미터를 뛸 수 있고, 아주 오래 달린다고 해도 시속 25.7킬로미터를 유지할 수 있어요.

아프리카들개는 무는 힘이 매우 세요. 포유류 중에서 몸무게에 비해 무는 힘이 가장 세답니다.

잠깐 상식! 어느 오스트레일리언캐틀도그는 똑똑하고 충성심이 강해서 길을 잃은 주인을 15시간 가까이 곁에서 지켜 주었어요.

개가 사람과 함께한 역사

여러분은 개의 역사에 대해 얼마나 알고 있나요?

개의 역사는 우리가 '확실하게 아는 사실'과 '안다고 생각하지만 증명되지 않은 사실'로 나뉘어요. 각각 어떤 것들이 있을까요?

우리가 아는 사실

DNA* 분석을 통해 여러 품종의 개가 회색늑대의 직계 후손이라는 사실이 증명되었어요.

*DNA(디앤에이): 살아 있는 생명체의 유전적 정보를 담고 있는 물질.

우리가 안다고 믿지만 정확하게 밝혀지지 않은 사실

많은 과학자들은 사람들이 한곳에 정착하여 살기 시작한 약 15,000~20,000년 전부터 늑대를 길들여 기르기 시작했다고 주장해요. 아마 늑대가 마을 주변을 어슬렁거리다가 사람들이 먹고 버린 것을 주워 먹으면서 가까이 지내게 되었을 거예요.

사람과 가까이 살기 시작했어요!

늑대가 사람 주변에 어슬렁거리고, 사람은 늑대를 해치지 않으면서 오랜 세월 서로에게 익숙해졌어요. 사람들은 늑대가 해로운 동물을 잡아먹고, 사람들이 먹다 남은 음식물을 먹어 치우고, 위험이 닥치면 알려 주고, 다른 사나운 육식 동물로부터 마을을 지켜 주는 등 쓸모가 많다는 것을 알아차렸을 거예요. 그래서 마을 안이나 마을과 가까운 곳에서 머무르게 했겠지요. 또 멀리 사냥을 나갈 때에는 늑대와 함께 나가거나 집을 지키도록 했을 수도 있어요.

개와 고양이 중 어느 쪽이 더 귀여운지 다투지 마세요!

여러분은 개와 고양이 중 어느 쪽이 더 사랑스럽다고 생각하나요? 또 어느 쪽이 더 영리한 것 같나요? 사람들이 반려동물을 기르기 시작한 이래로 개와 고양이를 둘러싼 다툼은 계속되었어요. 하지만 아주 오래전, 그러니까 갯과의 조상인 에우키온다비시가 나타나기 전에 개와 고양이의 조상을 알게 되면 이 논쟁은 의미가 없어져요. '미아키스'라는 동물은 개와 고양이는 물론 곰, 너구리, 족제비 등의 조상이었거든요. 개와 고양이의 할아버지의 할아버지, 그 할아버지의 할아버지의 할아버지가 같았다고요!

새로운 품종이 태어났어요!

사람들은 가축을 기르듯 늑대를 기르기 시작했어요. 더 시간이 흐른 뒤에는 쓰임에 맞는 특징을 지닌 늑대의 후손, 즉 개를 교배시키기도 했고요. 사냥할 때 쓸모가 있으려면 용맹스럽고 재빠른 개를, 가축을 돌보는 개가 필요하다면 주인의 지시를 잘 따르고 가축을 모는 본능이 강한 개를 교배했지요. 이런 과정을 수천 년 동안 계속하면서 개들은 생김새나 특징이 다양해졌어요. 그래서 오늘날처럼 슈나우저, 테리어 등 여러 가지 품종으로 늘어난 거예요.

이미 15만 년 전에도 개가 살았다고요?

개가 사람과 가까이 지내고 여러 품종으로 갈라지는 과정에 대해 다르게 주장하는 과학자도 있어요. 그들은 적어도 15만 년 이전에 이미 늑대에서 개로 진화했다고 믿어요.

역사상 가장 처음 길들여진 개가 무엇인가에 대한 논란도 있답니다. 어떤 과학자들은 스위스 동굴에서 발견된 14,000여 년 전의 개 화석*이 가장 오래되었다고 보고, 다른 어떤 과학자들은 벨기에 동굴에서 발견된 31,700여 년 전의 개 화석이 더 오래되었다고 주장해요.

*화석: 생물의 흔적이 땅에 묻혀 오랫동안 그대로 남아 있는 것.

잠깐 상식! 세계에서 가장 오래 산 반려견은 무려 29년 5개월을 살았어요.

아오, 나는 늑대예요!

사람들은 늑대를 무서워해요.

왜 사람들은 늑대를 무섭다고 생각할까요? 늑대는 사랑스러운 강아지의 야생 친척일 뿐인데 말이에요. 그건 늑대에 대해 잘 모르기 때문이에요. 지금부터 늑대에 대해서 몰랐던 사실을 알아보고, 늑대에 대한 두려움을 없애 볼까요?

잠깐 상식! 늑대 무리에서 한 마리가 울부짖으면, 다른 늑대들도 따라서 울어요.

무리 지어 생활해요

늑대는 사냥하고, 먹고, 자면서 하루의 대부분을 보내요. 늑대는 8~9마리 정도 무리를 지어서 생활해요. 많게는 스무 마리, 서른 마리에 달하는 무리도 있지요. 이들은 서로 가족처럼 지키고 돌봐요. 그중에 암수 각각 우두머리가 있어 무리를 이끌어요. 가장 몸집이 크거나, 힘이 세거나, 나이가 많은 늑대가 우두머리가 되지요.

의사소통 능력이 뛰어나요

늑대들은 소리, 냄새, 몸짓, 심지어 표정으로도 의사소통을 해요. 무리 생활을 하기 때문에 의사소통 능력이 발달했지요. 그런데 늑대들은 왜 그렇게 울부짖을까요? 과학자들도 이유를 정확하게 밝혀내지 못했어요. 홀로 있는 늑대가 무리를 부르기 위해서 또는 다른 무리에게 자기 영역을 침범하지 못하도록 경고하는 것이라고 주장하기도 해요. 그냥 흥분해서일 수도 있고, 사냥의 시작을 알리는 소리라고 보는 과학자도 있어요.

사냥을 하며 먹고살아요

늑대가 무리를 지어 사는 이유는 아마 사냥을 위해서일 거예요. 늑대는 말코손바닥사슴, 사슴 같은 몸집이 큰 동물을 좋아하거든요. 늑대가 자기 몸집의 두 배나 되는 먹잇감을 잡으려면 여럿이 힘을 모아야 한답니다. 사냥을 할 때에는 우두머리가 사냥 계획을 짜요. 사냥에 성공한 뒤에 먹잇감을 가장 먼저 먹는 것도 무리의 우두머리지요. 다른 늑대들은 우두머리가 먹고 난 뒤에 먹어요. 항상 먹잇감이 있는 것이 아니라서, 늑대는 먹을 수 있을 때 한번에 많이 먹어요.

여기는 우리 구역이에요!

늑대는 바위, 나무 같은 곳에 몸을 비비거나 오줌을 싸서 냄새로 영역을 표시해요. 그 냄새가 나는 곳에는 다른 늑대가 들어올 수 없다는 뜻이에요.

사람을 해치지 않아요

사람들은 늑대가 사람을 해치는 동물이라고 생각하지만, 사실 늑대는 사람을 먹잇감으로 생각하지 않아요. 다만 사람들이 자기를 가만 놔두기를 바랄 뿐이지요. 우리가 늑대를 건드리지 않는다면, 늑대도 우리를 해치지 않을 거예요.

전문가 인터뷰

우리 보호소에 야생 늑대가 들어온 적은 없지만, 야생 늑대와 반려견의 잡종은 몇 마리 본 적이 있어요. 미국에서는 늑대 잡종을 키우는 것이 불법인 주가 많답니다. 늑대 잡종은 금방 알아볼 수 있어요. 얼핏 보면 래브라도레트리버와 셰퍼드의 잡종처럼 보이지만 자세가 더 곧고, 눈을 작게 뜨지요. 사람을 경계하기도 하고요.

세계 곳곳에서 살아가는 갯과 동물들

갯과 동물은 종류가 많은 만큼 전 세계에 넓게 퍼져 살아요.

하지만 이 책에서 갯과 동물을 모두 다루기는 어렵답니다.

우리가 좋아하고 잘 알려진 몇 가지 동물만 살펴볼까요?

코요테

코요테는 원래 북아메리카의 들판에서 살았지만 지금은 산과 숲에 살아요. 사는 지역이 점점 남쪽으로 퍼져 중앙아메리카까지 진출했어요. 코요테는 늑대와 달리 멸종 위험에 처하지 않았어요. 많은 과학자들은 코요테 수가 점점 늘어날 거라고 생각해요.

갯과 동물 분포 지역
- 회색늑대
- 아프리카들개
- 딩고
- 코요테
- 북극여우
- 황금자칼

태평양 · 대서양 · 북아메리카 · 남아메리카 · 적도

'리카온'이라고도 해요. 무늬가 검은색, 하얀색, 빨간색, 황갈색 물감을 흩뿌린 미술 작품 같아요. 주로 아프리카 사하라 사막 남쪽에서 만날 수 있어요.

아프리카들개

회색늑대

개의 조상인 회색늑대는 몸집이 크고 늑대 중에서 종 수가 가장 많아요. 30가지가 넘는 아종*이 있답니다. 전 세계 곳곳에서 살아요.

*아종: 단계에 따라 생물을 분류하는 기준. '종'의 아래 단위.

북극여우

북극여우는 털이 새하얗고 복슬복슬해요. 눈 때문에 온통 새하얀 북극 지역에서 잘 숨을 수 있고, 추위에 잘 견뎌요.

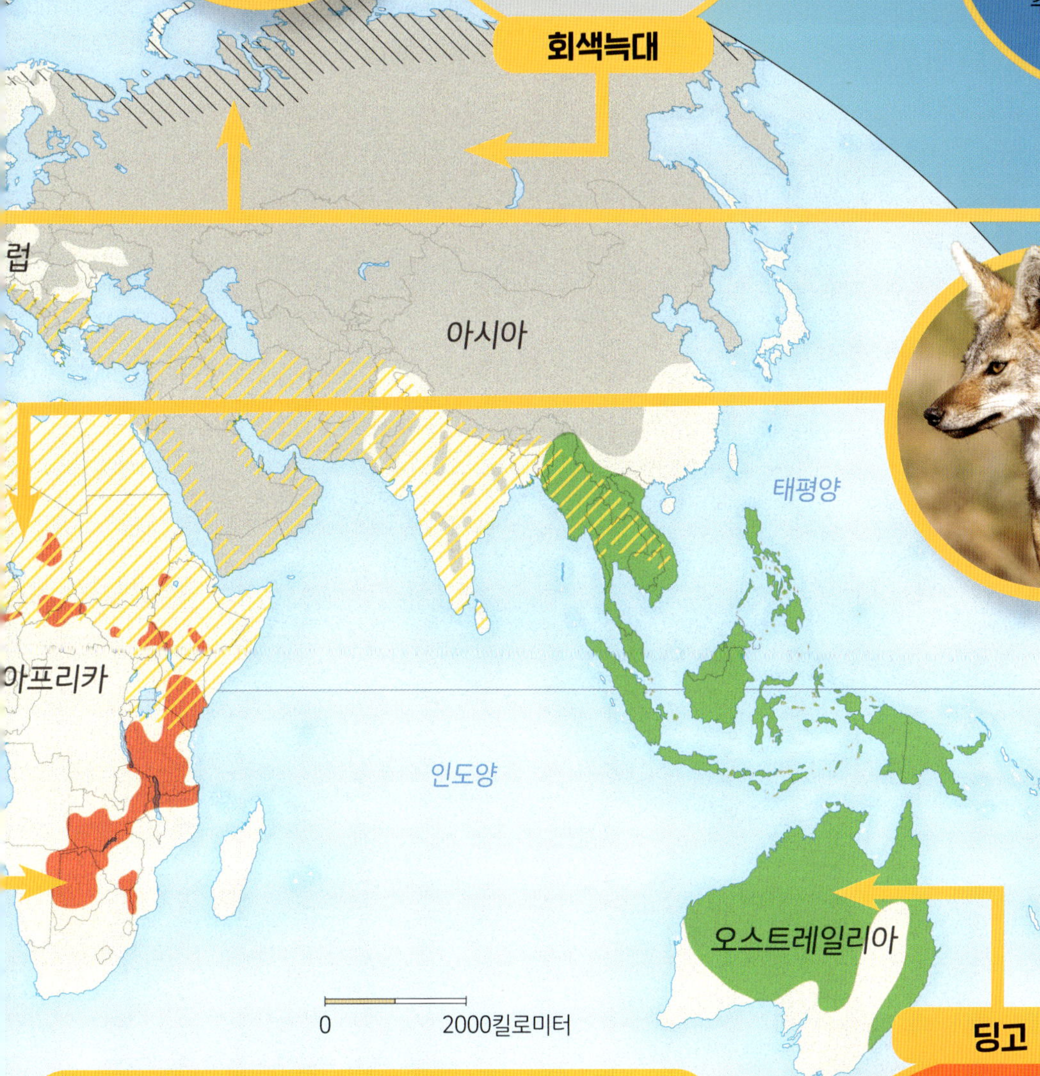

황금자칼

아프리카, 유럽, 아시아 넓은 지역에서 살아요. 주로 늑대를 따라다니면서 늑대들이 남긴 먹잇감이나 죽은 동물의 고기를 먹어 '청소부'라는 별명이 있어요.

딩고

딩고는 오스트레일리아의 평원을 돌아다니는 들개예요. 워낙 수가 많아서 이 지역 농민들은 딩고가 가축을 잡아먹지 못하도록 튼튼한 울타리를 세워 경계해요. 한편, 동남아시아 일부 지역에도 딩고가 분포하는데 이곳에 사는 딩고는 마을 사람들로부터 먹이와 쉴 곳을 제공받으며 마을 가까이에 살아요.

늑대가 사라지고 있어요!

오래전 늑대는 남극을 제외한 전 세계 지역에서 살 만큼 흔했어요. 그러나 지난 200년 사이에 수가 크게 줄어들었지요. 늑대들이 가축을 잡아먹는다는 이유로 사람들은 늑대를 사냥했어요. 또 사람들이 땅을 개발하면서 늑대들이 살아갈 터전을 잃었답니다.
다행히 많은 단체에서 늑대가 사라지는 것을 막으려고 노력하고 있어요. 여러분도 관심을 가지고, 늑대를 위해 할 수 있는 일을 찾는다면 늑대의 멸종을 막을 수 있어요.

개 vs 사람 감각을 비교해 보아요!

후각

개와 사람은 분명 달라요.

반려견과 주인은 가족처럼 많은 것을 함께해요. 오랜 세월을 함께 보냈으니 점점 서로 닮게 되지 않았냐고요? 천만에요. 개와 사람은 타고난 능력이 다른걸요.

개는 냄새를 맡는 후각 세포*가 약 2억 2000만 개예요. 사람은 500만 개지요. 그러니까 개의 후각 세포가 사람보다 40배 이상 많은 셈이에요. 실제로 개는 사람보다 냄새를 1000~10,000배 더 잘 맡는다는 연구 결과가 있어요. 사람은 눈으로 상황을 판단하지만 개는 냄새로 정보의 대부분을 얻어요.

*세포: 생물체를 이루는 기본 단위.

잠깐 상식! 개는 냄새로 암에 걸린 환자를 찾아낼 수 있다는 연구 결과가 있어요.

시각

개는 사람보다 망막*에 있는 세포가 적어요. 그래도 색깔을 구분할 수는 있지요. 사람은 빨간색, 노란색, 파란색이 섞인 여러 가지 색을 보지만, 개는 노란색과 파란색이 섞인 색만 볼 수 있답니다. 또 개는 거리를 잘 구분하지 못해요.

*망막: 눈알 가장 안쪽에 시각 세포가 모여 있는 부분.

청각

개는 45,000헤르츠*까지 소리를 들을 수 있어요. 반면 사람은 23,000헤르츠까지 소리를 들을 수 있답니다. 그러니까 개는 사람이 들을 수 없는 높은 소리에 반응할 수 있지요. 멀리서 오는 구급차의 사이렌 소리를 사람보다 개가 더 먼저 들을 수 있는 것도 바로 이런 이유예요.

*헤르츠(Hz): 소리의 파장이 얼마나 빠르게 진동하는지를 나타내는 단위.

미각

사람의 혀에는 맛봉오리가 약 9000개 있어요. 개는 1700개 정도랍니다. 사람과 개는 모두 단맛과 짠맛, 신맛, 쓴맛을 느껴요. 하지만 개는 사람에 비하여 혀로 맛을 느끼는 능력이 떨어져요. 대신 음식에 들어 있는 지방과 물의 맛은 느낄 수 있지요.

푸들이 한가로이 물놀이를 즐기고 있어요.

나에게 딱 맞는 개는 무엇일까요?

오스트레일리언캐틀도그

치와와

마스티프

언젠가 반려견을 키우고 싶다면 잘 보세요!

수많은 개들 가운데 어떤 개를 골라야 할까요?
아래의 퀴즈를 풀고, 나와 딱 맞는 개를 찾아보아요.

1. 토요일에 주로 무엇을 하나요?

A. 스포츠
B. 컴퓨터 게임
C. 책 읽기
D. 영화 보기
E. 그날그날 다름.

2. 기분이 나쁠 때 무엇을 하나요?

A. 달리기
B. 텔레비전 보기
C. 인터넷 동영상 보기
D. 친구 만나기
E. 위의 네 가지 전부

3. 가장 좋아하는 휴가지는 어디인가요?

A. 스키장
B. 바닷가
C. 유적*지
D. 놀이공원
E. 위의 네 가지 전부

*유적: 오래전 만들어진 건축물이나 역사적인 사건이 벌어졌던 곳.

4. 학교에서 가장 좋아하는 시간은 뭔가요?

A. 체육 시간
B. 점심시간
C. 역사, 과학, 영어 시간
D. 음악 시간
E. 다 별로 좋아하지 않음.

5. 내 개에게 어떤 이름을 지어 주고 싶나요?

A. 쌩쌩이
B. 마시멜로
C. 토머스 에디슨
D. 똥고집
E. 개를 고르고 정하려고 함.

6. 눈이 펑펑 온 날 하고 싶은 일은 무엇인가요?

A. 눈으로 집 짓기
B. 남이 지은 눈 동굴에 들어가기
C. 밀린 숙제하기
D. 가족을 닮은 눈사람 만들기
E. 위의 네 가지 전부

잠깐 상식! 개는 코에도 땀샘이 있어요. 그래서 코가 촉촉할 때가 많아

가장 많이 고른 보기를 찾아 나와 딱 맞는 개를 확인해 보세요!

A 운동을 좋아하는군요! 농구, 축구, 달리기 등 어떤 운동도 잘 하겠어요. 당신에게는 기운이 넘치는 개가 딱 어울리네요.

추천합니다! 오스트레일리언캐틀도그, 보더콜리, 래브라도레트리버, 바이마라너, 골든레트리버, 진돗개, 달마티안 등

B 소파에서 뒹굴뒹굴하는 시간이 소중하지요? 춥고 비오는 날에 푹신한 소파 위에서 포근한 개를 껴안고 있다고 상상해 보세요. 바로 이런 개들 말이에요!

추천합니다! 불도그, 퍼그, 불마스티프, 그레이하운드, 버니즈마운틴도그, 치와와 등

C 새로운 것 배우기를 좋아하겠군요. 그렇다면 똑똑하고, 재치 있는 개가 잘 어울리겠어요. 변기 사용법을 가르칠 수 있는 개를 기르는 것 어때요?

추천합니다! 로트와일러, 잭러셀테리어, 빠삐용, 셰틀랜드시프도그, 도베르만핀셔, 푸들, 독일셰퍼드 등

D 당신은 아주 재치 있고, 유머 감각이 넘쳐서 친구들을 잘 웃겨 주어요. 사람들로부터 주목받는 것을 좋아하지요. 그런 당신에게 어울리는 개가 어떤 품종이냐고요? 바로 이거예요!

추천합니다! 보스턴테리어, 복서, 닥스훈트, 프렌치불도그, 바셋하운드, 차이니즈크레스티드 등

E 그냥 당신의 옆에서 묵묵히 당신을 지켜봐 주는 개가 필요하다면 잘 보세요! 산책을 나설 때에도, 낮잠을 잘 때에도 언제나 당신과 함께해 줄 거예요.

추천합니다! 요크셔테리어, 비글, 뉴펀들랜드, 비즐라, 펨브로크웰시코기, 아메리칸스태퍼드셔테리어, 세인트버나드 등

바셋하운드

아메리칸스태퍼드셔테리어

도베르만핀셔

우리는 엄마 아빠의 품종이 달라요!

개는 계속 새로운 품종이 생겨나요.
나에게 딱 맞는 개를 찾기 어려운 건 다 이유가 있어요. 품종이 많기도 하지만 순종들을 교배하며 얻은 잡종까지 고려한다면 수천 가지 개들 중에서 찾아야 하니까요. 크기, 생김새, 행동 특징이 저마다 다르지요.

복서+래브라도레트리버
=
복서도

치와와+닥스훈트
=
치위니

잠깐 상식! 우리 집 반려견과 똑같은 복제 개를 만들어 주는 회사도 있어요.

두 가지 이상의 품종이 섞인 개

서로 다른 순종 개가 만나서 새끼를 낳아 잡종이 만들어지기도 하지만, 어떤 경우는 여섯 가지, 열 가지, 많게는 수십 가지 품종이 섞이기도 해요. 잡종이라면 기품이 떨어지거나 건강이 약할 것 같나요? 그렇지 않아요. 오히려 순종보다 더 건강한 개들도 많지요.

골든레트리버+푸들
=
골든두들

잡종이 인기를 누리는 시대

한때는 순종 개들이 사랑받던 시절이 있었어요. 하지만 지금은 달라요. 잡종은 그 모습 그대로 사랑받지요. 여기에 소개한 개들은 잡종 개로 인기를 얻고 있는 품종이랍니다.

포메라니안+토이푸들
=
포메푸

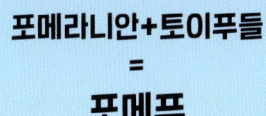

퍼그+비글
=
퍼글

보스턴테리어+퍼그
=
버그

개의 DNA를 분석해 준다고요?

개의 겉모습을 보고 어떤 품종이 섞여 있는지 쉽게 알아챌 수 있는 경우도 있지만, 전혀 알 수 없는 경우도 있어요. 그래서 어떤 나라에서는 개의 DNA를 분석하는 키트를 판매해요. 면봉으로 개의 뺨 안쪽을 문질러 검사 기관에 보낸 뒤, 몇 주를 기다리면 결과를 확인할 수 있답니다!

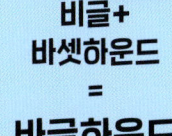

비글+
바셋하운드
=
바글하운드

가장 유명한 스타 개는 무엇일까요?

어떤 개는 세계적인 스타가 되었어요.

지금부터 소개하는 개는 여러분이나 여러분의 부모님들이 어디선가 보았을지도 몰라요. 동화책, 영화, 유명인과 함께 찍은 사진 속 등 많은 사람들에게 주목받은 개들을 만나 보아요!

- **이름**: 보
- **품종**: 포르투갈워터도그
- **유명해진 계기**: 대통령의 개
- **자세한 이야기**: 미국 버락 오바마 전 대통령은 대통령에 당선되기 전 두 딸에게 백악관*에서 반려견을 키울 수 있게 해 주겠다고 약속했어요. 그러고는 약속을 지켰지요. 검은 털이 북슬북슬한 '보'는 2009년 4월 14일부터 미국 백악관에서 지냈어요.

*백악관: 미국 대통령의 가족이 지내는 집.

- **이름**: 린틴틴
- **품종**: 독일셰퍼드
- **유명해진 계기**: 세계에서 처음으로 영화에 출연한 개
- **자세한 이야기**: 린틴틴은 제1차 세계 대전 때 미국인 조종사에게서 구조된 개예요. 린틴틴은 1922년 처음으로 영화에 출연한 뒤 총 스물다섯 편이 넘는 영화에 나와 인기를 얻었어요. 팬들이 보낸 편지를 일주일 동안 1만 장 넘게 받은 적도 있었답니다.

잠깐 상식! 린틴틴이 출연한 영화 덕분에 '워너브라더스'라는 영화 제작사는 망할 위기에서 벗어났어요.

- **이름:** 베리
- **품종:** 독일셰퍼드
- **유명해진 계기:** 영화 「해리 포터」에 출연
- **자세한 이야기:** 베리는 세계적으로 흥행한 영화 「해리 포터」 시리즈에 출연했어요. 2011년에 주인이 더 이상 돌볼 수 없게 되자, 영국의 한 동물 보호 단체에서 집을 마련해 주었어요.

개 발바닥 무늬 포장지 만들기

[준비물]

무독성 수채 물감 · 비누, 물, 낡은 천 · 도화지나 포장지 · 스펀지 붓

말을 잘 듣는 개

1. 준비물을 챙겨서 밖으로 나가요.
2. 개의 발바닥에 원하는 색깔의 물감을 묻혀 두꺼운 종이 위에서 걷도록 해요.
3. 물감이 마르는 동안 물과 비누, 낡은 천으로 개의 발바닥을 깨끗하게 닦아요.
4. 알록달록 개 발바닥 무늬가 있는 종이로 선물을 포장하거나 소중한 사람에게 카드를 써 보세요.

- **이름:** 테리
- **품종:** 케언테리어
- **유명해진 계기:** 영화 「오즈의 마법사」 출연
- **자세한 이야기:** 테리는 13편의 영화에 출연했지만, 그중 「오즈의 마법사」에서 가장 인기를 끌었어요. 테리의 주인은 영화 출연료로 일주일에 우리 돈 약 15만 원 정도를 받았어요. 그때가 80년 전이니까 꽤 많이 받은 거예요.

- **이름:** 더그
- **품종:** 골든레트리버 잡종
- **유명해진 계기:** 만화 영화 「업」에 출연
- **자세한 이야기:** 더그는 「업」이라는 영화에서 언제나 사랑받고 싶어 하는 개로 출연했어요. 말도 할 수 있었죠. 주인을 무척 따르고 다람쥐를 싫어해요. 영화 제작자 밥 피터슨은 자신이 길렀던 모든 개들의 특징을 조합해서 더그를 만들어 냈어요. 또 더그의 유명한 대사인 "너를 만나자마자 사랑에 빠졌어."는 밥 피터슨이 대학 시절 여름 캠프 교사로 일할 때 실제로 들은 말이래요.

특별한 임무를 수행하는 개들

개의 능력을 알아보는 슈츠훈트

'슈츠훈트'는 독일어로 '보호견'이라는 뜻이에요. 독일셰퍼드의 능력을 평가하여 보호견으로 활동하기에 적절한지 알아보는 개 스포츠지요. 지금은 경찰견을 훈련할 때 널리 쓰인답니다. 이 대회에는 개의 품종이나 몸집에 상관 없이 출전할 수 있어요. 냄새를 맡아 추적하는 능력, 주인의 지시를 따르는 능력, 보호 대상을 안전하게 지키고 도움을 요청하는 능력을 평가해요. 세 가지 영역을 모두 통과해야 슈츠훈트 자격을 얻을 수 있어요.

잠깐 상식! 우리나라에서는 인명 구조견 1마리를 훈련시키는 데 최대 약 2억 원의 비용이 들어요.

전 세계 많은 개들은 특별한 일을 해요.

바로 가족에게 기쁨과 즐거움을 주는 것이죠. 하지만 그 외에도 개의 뛰어난 감각을 활용하여 더 어렵고 위험한 임무를 하는 개들도 있어요. 자세히 알아볼까요?

내 직업은 조류* 충돌 예방 대원

보더콜리인 스카이의 일터는 미국 사우스웨스트 플로리다 국제 공항이에요. 거기에서 새를 쫓는 중요한 일을 한답니다. 계절마다 먼 거리를 오가는 철새들은 공항을 아주 좋은 쉼터라고 생각해요. 하지만 공항 근처에 새들이 날아다니다가 비행기 엔진에 빨려 들어가면 큰 사고가 날 수 있어요. 스카이가 열심히 일해 준 덕분에 사람들은 안전하게 비행기를 이용할 수 있답니다.

*조류: 하늘을 날 수 있는 척추동물. 새무리.

전쟁터에서 활약해요!

오랜 옛날부터 개는 전쟁터에서 군인을 도왔어요. 제1차 세계 대전과 제2차 세계 대전 때에도 개는 중요한 역할을 해냈답니다. 전쟁에 나가기 전에 중요한 임무를 위해서 헬기나 비행기에서 뛰어내리는 훈련을 받기도 해요. 2019년 조사 기준, 우리나라의 군견은 약 1300마리 정도예요.

냄새로 질병을 찾아요!

개 코의 능력은 어디까지일까요? 공항 검색대에서 폭탄과 마약을 찾아내는 일은 이미 오래전부터 해 왔어요. 이것이 다가 아니랍니다. 개는 냄새로 암에 걸린 사람을 찾아낼 수 있어요. 내쉬는 숨의 냄새를 맡고 그 사람이 건강한지 폐암에 걸렸는지 구분하는 실험을 했더니 개들은 암 환자 100명 중 71명을 골라냈어요. 2020년 전 세계적으로 코로나바이러스가 퍼졌을 때에는 땀 냄새를 맡아 바이러스에 감염된 사람을 찾아내기도 했어요.

야생 동물 연구에 참여해요!

사진 속 개가 무엇을 하고 있을까요? 바로 특정한 동물의 똥을 찾고 있어요. 왜냐고요? 과학자들이 동물의 똥을 분석하여 유전자, 식성, 행동 특징을 조사하기 때문이에요. 이렇게 동물을 조사하여 멸종 위기에 처한 종을 파악한답니다. 이 연구에 참여하는 개들은 사람이 가기 힘든 곳까지 들어가 의미 있는 정보를 찾아낼 수 있어요. 캄보디아에서는 사라져 가는 호랑이를 찾을 때 개를 동원하기도 해요.

전문가가 들려주는 뒷이야기

여러분, 사진 속 주인공과 인사하세요.

사진의 왼쪽이 제이크, 오른쪽에 있는 개의 이름은 베티 크로커예요. 둘은 여러 해 전에 내가 일하는 워싱턴동물구조연맹으로 왔어요. 만나자마자 나는 우리가 함께할 운명임을 알아챘지요.

독일셰퍼드 종인 제이크는 다리가 세 개뿐이에요. 태어난 지 3개월이 되었을 때 경찰이 동물 보호소로 데려왔어요. 그때에는 주인에게 심한 괴롭힘을 받아서 뒷다리 하나가 부러지고, 온몸에 멍이 들어 있었어요. 멍은 치료가 되었지만 다리뼈는 너무 비뚤어져 결국 잘라 낼 수밖에 없었어요. 그래도 제이크는 수술을 잘 받고 다시 건강해졌어요. 지금은 여기저기로 뛰어다니는 것을 좋아해요. 아주 건강한 장난꾸러기지요. 누군가 멀리서 제이크를 본다면 다리가 세 개뿐이라고는 생각하지 못할 거예요.

제이크의 옆에서 늠름하게 서 있는 베티 크로커는 핏불 잡종이에요. 나와 내 주변 사람들은 주로 베티라고 부르지요. 베티는 한배에서 태어난 개 여섯 마리와 함께 내가 일하는 곳으로 들어왔어요. 베티를 보살피던 병원 직원이 제이크와 친구가 되라고 내 사무실로 베티를 데려왔지요. 정말로 나와 베티는 서로 아주 잘 맞았어요. 베티는 내가 본 개 중에서 가장 다정해서 나를 행복하게 해 줬거든요. 베티와 시간을 보내고 나면 누구라도 금세 사랑에 빠지고 말 거예요.

제이크와 베티가 같은 곳을 바라보고 있어요. 무얼 보고 있을까요?

동물을 아끼고 사랑해 주세요!

개는 최고의 반려동물이에요.

이 말에 아니라고 답할 사람이 있나요? 아마 없을 거예요. 이렇게 사랑스러운 개들 중 일부는 사람들의 보살핌을 필요로 해요. 왜냐고요? 사람들이 이른바 '강아지 공장'이라고 불리는 시설에서 돈벌이를 위하여 마구 번식을 시키기 때문이에요. 개를 안전하지 못한 곳에 가두어 두고 계속해서 새끼를 낳게 하지요. 태어난 강아지가 못생겼으면 보살피지 않고 그냥 내버려 두기도 해요. 이러한 환경에서 지내는 강아지와 어미 개는 건강하게 살아갈 수 없어요. 한편, 개를 키우는 사람들이 반려견에게 중성화 수술*을 하지 않아서 문제가 되기도 해요. 이런 개들이 자칫하다가 다른 개와 짝짓기를 하면 떠돌이 개가 늘어나지요.

내가 일했던 워싱턴동물구조연맹 같은 동물 보호소에서는 불법 강아지 공장의 개나 떠돌이 개를 구조해요. 사람들이 키우다가 더 이상 키울 수 없다고 데려오는 개들도 보살피지요. 사람들은 개의 사랑스러운 모습만 보고 충동적으로 개를 키우기 시작해요. 그러다가 막상 개를 키우는 일이 만만치 않다는 사실을 깨닫고 버리거나 괴롭히기도 해요. 동물 보호소에서는 개와 고양이 등에게 새 삶을 주어요. 다친 곳이 있으면 아픈 곳을 치료해 주고, 심리 치료를 하기도 해요. 새로운 가족을 만나 잘 적응할 수 있도록 행동 교정 훈련도 하고요. 개와 고양이들이 사람과 끈끈한 유대감을 느낄 수 있도록 돕는답니다.

*중성화 수술: 반려동물의 생식 기능을 제거하는 수술. 생식기와 관련된 질병을 예방할 수 있다.

우리나라에서는 개가 태어나고 2개월이 지나면 해당 시·군·구청에 등록해야 해요.

여러분도 우리 주변의 동물을 도울 수 있어요

반려견을 키우고 싶나요?

그렇다면 가장 먼저 부모님의 허락을 받으세요. 부모님이 개를 키워도 좋다고 허락해 주셨다면, 개를 입양하는 방법을 생각해 보면 좋겠어요. 각 지역의 동물 보호소에는 새로운 가족의 손길을 기다리는 개가 아주 많거든요. 하지만 개를 입양하기 전에 꼭 기억하세요. 개를 키우려면 할 일이 아주 많다는 사실을요. 개의 평균 수명은 약 14년이니까 오랜 기간 보살펴야 하지요.

부모님이 집에서 반려견 키우는 것을 허락해 주시지 않았다고 해도 할 수 있는 일이 있어요. 바로 여러분이 동물 보호소에서 자원봉사자로 활동하는 것이지요. 물론 조금 더 자라고 나서 말이에요. 동물을 돕고 싶나요? 그렇다면 기억하세요. 무엇보다 중요한 것은 동물에 대한 관심이에요. 사람들의 도움을 기다리는 동물이 있다는 것을 기억하고, 작은 것부터 큰 것까지 내가 할 수 있는 일을 찾는다면 개는 물론 우리와 함께 살아가는 여러 동물들의 삶이 한결 나아질 거예요.

래브라도허스키와 래브라도레트리버가 따뜻한 햇볕을 쬐며 뛰고 있어요.

도전! 갯과 동물 박사
퀴즈를 풀며 용어를 익혀요

복슬복슬 포메라니안이 카메라 앞에서 포즈를 취해요. 포메라니안은 원래 독일과 폴란드 북부 지역인 포메라니아에 살았어요.

여러분의 갯과 동물 지식을 확인할 시간! 다음 용어의 뜻을 잘 읽고, 표시된 페이지로 가서 쓰임을 확인하세요. 이어지는 퀴즈까지 맞혔다면, 여러분을 갯과 동물 박사로 인정합니다!

1. 교배
새끼를 얻기 위하여 사람이 동물을 짝짓기시키는 일 (15, 21, 37, 48쪽)

다음 중 잡종이 아닌 것은 무엇일까요?
a. 진돗개
b. 치위니
c. 골든두들
d. 퍼글

2. 도그 어질리티
개와 주인의 호흡이 얼마나 잘 맞는지 겨루는 개 스포츠 (21, 27, 31쪽)

다음 중 도그 어질리티 경기에서 평가하는 것은 어느 것일까요?
a. 개가 뛰어오른 높이
b. 개의 단거리 달리기 속도
c. 개가 주인의 지시에 따르는 정도
d. 개가 정해진 시간 안에 판 땅의 깊이

3. 본능
어떤 생명체가 태어나면서부터 하도록 되어 있는 동작이나 습관 (20, 37쪽)

다음 중 개의 본능과 관계있는 것은 어느 것일까요?
a. 날아가는 물건 뒤쫓기
b. 먹잇감 숨기기
c. 냄새 나는 것 위에서 구르기
d. 위의 보기 전부

4. 순종
다른 품종과 섞이지 않고 유전적으로 순수한 품종 (48쪽)

다음 중 순종인 개는 무엇일까요?
a. 불도그
b. 퍼글
c. 토마푸
d. 복서도

5. 육식 동물
다른 동물의 고기를 먹는 동물 (14, 21, 37쪽)

야생에서 개가 사냥할 때 가장 도움이 되는 특징은 무엇인가요?
a. 부드럽고 복슬복슬한 털
b. 날카롭고 뾰족한 이빨
c. 차갑고 축축한 코
d. 긴 꼬리

6. 자칼
갯과에 속하는 동물 중 하나 (34, 40쪽)

자칼의 가장 큰 특징은 무엇일까요?
a. 강력한 무는 힘
b. 최고의 장거리 달리기 선수
c. 갯과 중에서 가장 거대한 몸집
d. 남극의 추위를 견디는 강인함

7. 조상
더 앞서 살면서 현재의 동물로 이어진 생물 (15, 21, 33, 34, 37쪽)

수많은 개의 조상은 무엇일까요?
a. 회색늑대
b. 딩고
c. 코요테
d. 여우

8. 진화
생명체가 시간이 흐르면서 점차 변해 가는 현상 (34쪽)

갯과의 진화 과정에서 분리되어 계통이 다른 하나는 어느 것일까요?
a. 자칼
b. 늑대
c. 여우
d. 들개

9. 포유류
새끼를 낳아 어미가 젖을 먹여 키우는 동물 무리 (14, 34쪽)

다음 중 아주 오래전 살았던 포유류는 어느 것일까요?
a. 티라노사우루스 렉스
b. 미아키스
c. 프테로닥틸루스
d. 트리케라톱스

10. 후각
냄새를 맡는 감각 (42쪽)

다음 중, 개가 주변 상황을 판단하는 가장 기본이 되는 감각은 무엇일까요?
a. 촉각
b. 후각
c. 미각
d. 시각

정답 1-a, 2-c, 3-d, 4-a, 5-b, 6-b, 7-a, 8-c, 9-b, 10-b

찾아보기

ㄱ
갯과 10, 34, 37, 40
고양이 37
골든두들 49
골든레트리버 12, 47, 51
곰 37
교배 11, 37, 48
구조견 52
국제애견협회 30
군견 53
귀 7, 19, 28
그레이트데인 13
그레이하운드 13, 19, 47
근육 18
꼬리 7, 18, 28

ㄴ
냄새 17, 23, 25, 29, 39, 42, 53
너구리 37
눈 17, 19, 23, 42
뉴펀들랜드 47
늑대 10, 16, 17, 23, 33, 34, 35, 36, 37, 38, 39, 40, 41

ㄷ
다람쥐 10
닥스훈트 14, 27, 31, 47
달마티안 19, 21, 47
도그 어질리티 21, 27, 31
도베르만 30
도베르만핀셔 47
독일셰퍼드 12, 47, 50, 51, 52, 54
들개 34
디앤에이(DNA) 36
딩고 34, 35, 41
땀샘 46

ㄹ
래브라도레트리버 5, 12, 39, 47, 59
래브라도허스키 59
래브라두들 31
로트와일러 47
리카온 40

ㅁ
마스터 어스 도그 27
마스티프 13, 46
말코손바닥사슴 39
맛봉오리 25, 43
며느리발톱 19
몰티즈 11
미각 43
미아키스 37

ㅂ
바글하운드 49
바셋하운드 47
바이마라너 30, 47
반려견 11, 12, 15, 17, 35, 39, 46, 57
반려동물 6, 11, 56
발 19
발바닥 22
배변 훈련 29
버그 49
버니즈마운틴도그 13, 47
보더콜리 7, 47, 53
보스턴테리어 47
보호견 52
복서 13, 30, 47
복서도 48
북극여우 41
불도그 12, 47

불마스티프 47
브리타니 5
블러드하운드 30
비글 5, 31, 47
비어디드콜리 31
비즐라 47
빠삐용 47
뼈 16

ㅅ
사슴 39
세포 42, 43
세인트버나드 13, 47
셰틀랜드시프도그 47
셰퍼드 39
수의사 6
순종 48, 49
슈나우저 37
슈츠훈트 52
시각 43
시력 16

ㅇ
아메리칸스태퍼드셔테리어 47
아이리시세터 31
아종 41
아프간하운드 30
아프리카들개 34, 40
야생성 16
어스 도그 27
에우키온다비시 34, 35, 37
여우 10, 34, 35
오스트레일리언캐틀도그 34, 46, 47
오줌 39
요크셔테리어 47
워싱턴동물구조연맹 6, 54, 56

워터도그 18
원반던지기 27
웨스트하이랜드화이트테리어 14
웨스티 27
육식 동물 10, 17, 18, 37
의사소통 17, 18, 39
이빨 19

ㅈ
자칼 34, 40
잡식 동물 35
잡종 31, 39, 48, 51, 54
잭러셀테리어 15, 47
조류 53
족제비 37
진돗개 47

ㅊ
차이니즈크레스티드 47
청각 43
치와와 15, 46, 47
치위니 48

ㅋ
케언테리어 51
코요테 10, 34, 35, 40

ㅌ
털 18, 28
테리어 37
토이푸들 15

ㅍ

퍼그 15, 19, 47
퍼글 49
펨브로크웰시코기 14, 47
포르투갈워터도그 50
포메푸 49
포메라니안 60
포유류 10, 34

푸들 44, 47
품종 8, 11, 12, 14, 30, 37, 48, 49, 50
프레리도그 10
프렌치불도그 47
플라이볼 26
핏불 54
핏불테리어 30

ㅎ

혀 19
황금자칼 41
회색늑대 11, 33, 34, 36, 41
후각 42

사진 저작권

Cover, Martin D. Beebee; **Back cover(LE)** Rechitan Sorin/Shutterstock; **(RT)**, Klein-Hubert/Kimball Stock; **(Middle)** Klein-Hubert/Kimball Stock;

1, John Crongeyer/National Geographic My Shot; **2-3**, AnetaPics/Shutterstock; **5**, David Joel/Photographer's Choice RF/Getty Images; **6 (left)**, Jason Tharp; **(center)**, courtesy Dr. Gary Weitzman; **7**, Michael Gatlin/National Geographic My Shot; **8-9**, cynoclub/Shutterstock; **10**, Lisa Vanderhoop/National Geographic My Shot; **11**, Rob Hainer/Shutterstock; **12 (left)**, Eric Isselée/Shutterstock; **(center)**, Eric Isselée/Shutterstock; **(right)**, Lisa A. Svara/Shutterstock; **13 (top left)**, Nikolai Tsvetkov/Shutterstock; **(left center)**, Eric Isselée/Shutterstock; **(right)**, Christine Tripp/iStockphoto; **(bottom left)**, Trinity Mirror/Mirrorpix/Alamy; **14 (top left)**, Eric Isselée/Shutterstock; **(bottom left)**, Julia Remezova/Shutterstock; **(right)**, Julia Remezova/Shutterstock; **15 (top)**, gillmar/Shutterstock; **(left)**, Eric Isselée/Shutterstock; **(center)**, Erik Lam/Shutterstock; **(right)**, Dancestrokes/Shutterstock; **16**, Denis Babenko/Shutterstock; **17 (top right)**, Kevin,Chen/Shutterstock; **(top left)**, Kimberly Hall/Shutterstock; **(bottom right)**, Digital Vision; **(bottom left)**, Renee Stockdale/Kimball Stock; **(inset left)**, Jason Tharp; **18 (inset bottom)**, Bork/Shutterstock; **18-19**, Henri Simon Faure/iStockphoto; **20-21**, Mackland/Shutterstock; **22 (top)**, Igumnova Irina/Shutterstock; **(bottom)**, Stephen Coburn/Shutterstock; **23 (top)**, Joel Sartore/National Geographic Stock; **(bottom left)**, Eloisa Pavon/National Geographic My Shot; **(bottom center)**, Jason Tharp **(bottom right)**, courtesy Barbara Pinette; **24 (left)**, Traci Scarpinato/National Geographic My Shot; **(right)**, courtesy Lucie McNeil; **25 (left)**, Nikola Brankovic/National Geographic My Shot; **(top right)**, blanche/Shutterstock; **(bottom right)**, Terekhov Igor/Shutterstock; **26**, vgm/Shutterstock; **(top left)**, Andraž Cerar/Shutterstock; **(top right)**, Ron Armstrong/Flickr RF/Getty Images; **(bottom)**, Dennis Donohue/Shutterstock; **28 (A)**, Andrii Muzyka/Shutterstock; **(B)**, Onur ERSIN/Shutterstock; **(C)**, Nejron Photo/Shutterstock; **(D)**, Marina Jay/Shutterstock; **(E)**, Valeriy Lebedev/Shutterstock; **(F)**, Eric Isselée/Shutterstock; **(G)**, 26kot/Shutterstock; **(H)**, Erik Lam/Shutterstock; **(I)**, Eric Isselée/Shutterstock; **(J)**, Marina Jay/Shutterstock; **(K)**, Erik Lam/Shutterstock; **29 (top)**, PM Images/Iconica/Getty Images; **(bottom left)**, Poulsons Photography/Shutterstock; **(bottom right)**, ZenShui/Sigrid Olsson/PhotoAlto/Getty Images; **30 (top left)**, Photodisc/Digital Vision; **(top right)**, Kari Herer/National Geographic My Shot; **(bottom right)**, courtesy Champ Harms; **(bottom center)**, Nikolai Tsvetkov/Shutterstock; **(bottom left)**, Kyle Brent/National Geographic My Shot; **31 (top left)**, Joy Brown/Shutterstock; **(top right)**, Kristin Halliwill/National Geographic My Shot; **(center)**, Adithep Chokrattanakan/Shutterstock; **(bottom left)**, courtesy Edwin Sherman; **(bottom right)**, Patti Waddell/National Geographic My Shot; **32-33**, Klein-Hubert/Kimball Stock; **34 (left)**, Jeff Mauritzen; **(right)**, Chris Johns/National Geographic Stock; **35 (right)**, Larry Gambon/National Geographic My Shot; **(center)**, Neale Cousland/Shutterstock; **(bottom)**, Judy Kennamer/Shutterstock; **(left)**, Denis Pepin/Shutterstock; **(top)**, 12qwerty/Shutterstock; **36**, Mauricio AntonNational Geographic Stock; **37 (bottom)**, Jiri Vaclacek/Shutterstock; **(top right)**, Laurie O'Keefe/Photo Researchers Inc./Getty Images; **(top left)**, Sergej Khakimullin/Shutterstock; **38**, Tammy Wolfe/iStockphoto; **39 (top left)**, Natally Klaric/National Geographic My Shot; **(top right)**, Joel Sartore/National Geographic Stock; **(bottom center)**, Lori Labrecque/Shutterstock; **(bottom right)**, Jason Tharp; **(bottom left)**, Brian Guest/Shutterstock; **40 (center)**, visceralimage/Shutterstock; **(top)**, Joel Sartore/National Geographic Stock; **(bottom)**, Francois van Heerden/Shutterstock; **41 (top)**, Jean-Edouard Rozey/Shutterstock; **(center)**, Peter Malsbury/iStockphoto; **(bottom)**, DavidEwingPhotography/Shutterstock; **42 (top)**, Tracy Hebden/iStockphoto; **(bottom)**, picturepartners/Shutterstock; **43 (top left)**, Boris Mrdja/Shutterstock; **(top right)**, Karine Aigner/NGS Staff; **(left center)**, marinini/Shutterstock; **(right center)**, Elena Rostunova/Shutterstock; **(bottom right)**, gabczi/Shutterstock; **(bottom right)**, Lenkadan/Shutterstock; **44-45**, MBWTE Photos/Shutterstock; **45 (top)**, Cameron Watson/Shutterstock; **46 (bottom)**, Artem Kursin/Shutterstock; **47 (top)**, Joy Brown/Shutterstock; **(bottom right)**, Dmitry Kalinovsky/Shutterstock; **(bottom left)**, Zuzule/Shutterstock; **48 (left)**, Erik Lam/Bigstock; **(right)**, Susan Schmitz/Shutterstock; **49 (bottom left)**, Gillian Moore/Alamy; **(top right)**, Jennifer Sheets/iStockphoto; **(top center)**, Purestock/Alamy; **(right center)**, Rick's Photography/Shutterstock; **(bottom center)**, Lori Epstein/National Geographic Stock; **50 (left)**, Christy Bowe/Corbis; **50 (right)**, Hulton Archive/Getty Images; **51 (top left)**, courtesy of germanshepherdrescue.co.uk; **(bottom left)**, CinemaPhoto/Corbis; **(bottom right)**, Walt Disney Co./courtesy Everett Collection; **(center)**, Andrija Markovic/Shutterstock; **(top center Far left)**, Petrenko Andriy/Shutterstock; **(top center left)**, Veniamin Kraskov/Shutterstock; **(top center)**, pockygallery/Shutterstock; **(top center right)**, Lobke Peers/Shutterstock; **(top far right)**, Liz Van Steenburgh/Shutterstock; **52**, Marcel Jancovic/Shutterstock; **53 (top left)**, Michel Fortier/Naples Daily News; **(bottom left)**, AP Images/MTI, Barnabas Honeczy; **(top right)**, U.S. Air Force photo/Senior Airman Elizabeth Rissmiller; **(bottom right)**, Center for Conservation Biology, www.ConservationBiology.net; **54**, courtesy Dr. Gary Weitzman; **56**, courtesy Washington Animal Rescue League; **56-57**, courtesy Washington Animal Rescue League; **58-59**, Lori Epstein/National Geographic Stock; **60**, Sergey Lavrentev/Shutterstock; **62**, courtesy Katharine Renner; **63**, Deedee Jacobs;

지은이 베키 베인스
미국 버지니아주에서 반려견 '밥 베이커'와 함께 살고 있다. 어린이를 위한 여러 책을 집필했지만 이 책을 가장 좋아한다. 「지그재그 호기심 과학」, 「나의 첫 세계 탐험(Explore My World)」 시리즈, 『북극이야기』 등에 글을 썼다.

지은이 게리 와이츠먼
수의사이자 샌디에이고 휴메인 소사이어티(HSUS) 회장이다. 2008~2012년 동안 워싱턴동물구조연맹의 대표를 역임하고, 미국 공영 라디오 프로그램인 「애니멀 하우스」 진행에도 참여했다.

옮긴이 이한음
서울대학교 생물학과를 졸업하고 과학 전문 번역가로 활동하고 있다. 지은 책으로 『바스커빌 가의 개와 추리 좀 하는 친구들』, 『생명의 마법사 유전자』 등이 있고, 옮긴 책으로 『다윈의 진화 실험실』, 『북극곰과 친구 되기』, 『인간 본성에 대하여』, 『핀치의 부리』, 『DNA : 생명의 비밀』, 『조상 이야기』 등이 있다.

감수 장이권
이화여자대학교 생명과학·에코과학부 교수, 이화여자대학교 자연사박물관 관장을 맡고 있으며, 진화적인 관점으로 동물의 행동과 생태를 연구하고 있다. 내셔널지오그래픽 탐험가로 활동하고, 2013년부터 '지구사랑탐사대'를 이끌며 시민들의 과학 활동을 연구한다. 현재 「동물의 행동」을 온라인으로 강의하며, 쓴 책으로 『야외생물학자의 우리 땅 생명 이야기』와 『자연덕후, 자연에 빠지다』가 있다.

1판 1쇄 찍음 - 2021년 10월 22일, 1판 1쇄 펴냄 - 2021년 11월 5일
지은이 베키 베인스, 게리 와이츠먼 **옮긴이** 이한음 **감수** 장이권 **펴낸이** 박상희 **편집** 이정선, 전지선 **디자인** 이슬기, 신현수, 시다현
펴낸곳 (주)비룡소 출판등록 1994. 3. 17.(제16-849호) **주소** 06027 서울시 강남구 도산대로1길 62 강남출판문화센터 4층 **홈페이지** www.bir.co.kr
전화 영업 02)515-2000 팩스 02)515-2007 편집 02)3443-4318,9 **제품명** 어린이용 각양장 도서 **제조자명** (주)비룡소 **제조국명** 대한민국 **사용연령** 3세 이상

NATIONAL GEOGRAPHIC KIDS EVERYTHING : DOGS
Copyright © 2012 National Geographic Partners, LLC.
Korean Edition Copyright © 2021 National Geographic Partners, LLC.
All rights reserved.
NATIONAL GEOGRAPHIC and Yellow Border Design are trademarks of the National Geographic Society, used under license.
이 책의 한국어판 저작권은 National Geographic Partners, LLC.에 있으며, (주)비룡소에서 번역하여 출간하였습니다.
저작권법에 의해 한국 내에서 보호를 받는 저작물이므로 무단 전재와 무단 복제를 금합니다.
ISBN 978-89-491-3218-1 74400 / ISBN 978-89-491-3210-5 (세트)